新訂版

われ21世紀の新渡戸とならん

著者
樋野興夫
Okio Hino

序　文

『われ21世紀の新渡戸とならん』(２００３年)、そして、『がん哲学』(２００４年)と展開され、その後、幾つかの本が出版され、２０１７年 新刊『がんばりすぎない、悲しみすぎない』(講談社)に至った。今度、『われ21世紀の新渡戸とならん』の新訂版が、発行される運びとなった。

『明日この世を去るとしても、今日の花に 水をあげなさい』(２０１５年、幻冬舎)に続いて、先週、『病気は人生の夏休み』(２０１６年、幻冬舎)の中国語訳が送られてきた。『がん哲学』(２００４年：to be 出版)の中国語訳(２００９年)を含めて、３冊目である。２０１７年11月末発行された北京大学出版局の中国語訳『がん哲学外来で 処方箋』(２０１６年、日本キリスト教団出版局)を含めれば、４冊目である。驚きである。本当に、自分の思いを越えて、進展している。不思議である。

序　文

思えば筆者の人生は、小さな村での少年時代の原風景、浪人生活での人生の出会い、学生時代の読書遍歴（内村鑑三・新渡戸稲造・南原繁・矢内原忠雄）、癌研での「病理学（吉田富三・菅野晴夫）との出会い」、アメリカでの恩師『遺伝性がんの父：Knudson』（１９２２～２０１６）の「学者の風貌」との出会いが、根幹にある。まさに「人生邂逅」の「非連続性の連続性」である。人生は開いた扇のようである。人生における出会いは、出会った時に受ける影響だけに留まらず、20～30年後に影響してくることがある。筆者の間接的な最初の出会いは南原繁（１８８９～１９７４）に始まる。19歳の時に、東大法学部の学生時代に南原繁から直接教わった人物に出会い、その人物を通して、南原繁の風貌を知るに至った。大変、興味を抱き、南原繁をもっと知りたいと思った。「将来、自分が専門とする分野以外の本を、寝る前に30分読む習慣を身につけよ。習慣となれば、毎朝、顔を洗い、歯を磨くごとく、苦痛でなくなる」と言われた。そこで南原繁の本をいろいろと購入して、必死に読んだ。当然、

30分間では十分ではないので、夜を徹して読むこともしばしばであった。

南原繁の著作を読んでいると、新渡戸稲造（1862〜1933）に行き当たる。南原繁は、「何かをなす（to do）の前に何かである（to be）ということをまず考えよということが（新渡戸稲造）先生の一番大事な教えであったと思います」と語り、また「明治、大正、昭和を通じて、これほど深い教養を持った先生はなかったと言ってよい」と語っている。それではいったい新渡戸稲造とはどういう人物なのかと、今度は新渡戸稲造の本を購入して読むようになった。南原繁は、内村鑑三（1861〜1930）に強く、深い影響を受けており、内村鑑三も必然的に読むようになった。さらには、同じく、新渡戸稲造と内村鑑三から強い影響を受けた矢内原忠雄（1893〜1961）のことも学ぶに至った。連鎖反応によりこれら4人の人物（南原繁→新渡戸稲造→内村鑑三→矢内原忠雄）の膨大な著作に向かい、彼らの思索の中に分け入った次第である。

目　次

目　次

陣営の外へ

一九〇八（明治四一）年、新渡戸稲造は通俗雑誌といわれた『実業之日本』から編集顧問就任の懇請を受け、熟考の末これを快諾し、毎月同誌に寄稿を続けた。新渡戸稲造四七歳のときである。

新渡戸は同誌に、「余は何ゆえ実業之日本社の編集顧問となりたるか」を書き、その決意の理由を五つ挙げている。その五番目に「営利第一でなく、読者の利益を想い、個人の幸福、社会の発展に貢献しようというジャーナリズム観に共鳴する」と述べている。「具眼の士」の種まきをするのが出版社、雑誌の使命であると考えられる。これは広報誌『Scientia』の精神と合致する。

当時、象牙の塔に閉じこもる狭量の学者から通俗雑誌とか通俗講演とかの批判を受けた新渡戸は、理想と確信を堅持して、「我輩は専門センス（専門的知識）は教えない。コモンセンス（常識）を教えるのだ」といって、できるかぎり「陣営の外」(ヘブル書一三章一一節)に出かけていった。まさに「見る人の心ごころにまかせおきて高嶺に澄める秋の夜の月」の心境である。その後、この通俗と称された文章から、『修養』『世渡りの道』『自警録』などの名著が出たことは周知のごとくである。すべて摂理の手の中にある。

私は「少年よ、大志を抱け」から、「太平洋のかけ橋とならん」へと進み、そして今、時代的要請として「21世紀の新渡戸稲造とならん」と密かに夢見ている。

新渡戸稲造

開いた扇の要

日本では七五三の写真を撮るとき、子供は扇子を持ってカメラの前に立つ。わが子の人生の「扇の如く開く」ことを願う親の切なる思いであろう。

新渡戸稲造はかつて、「……人生はすべて小さく始まって着実に広がっていく。……人生は開いた扇のよう……、出発点では小さくてたえず大きくなっていくのである」と語っているが、まさにこれは多段階発癌における、①起始→②過程（発展プロセス）→③大成（臨床癌）、に通じるものである。同じく、「癌細胞に起こることは人間社会にも必ず起こる。つまり人体の中で起こっていることは社会と連動している」と吉田富三の「癌哲学」は説いている。

人生にとっても癌化にとっても、「起始」（扇の要）とは具体的には「出会い」（hit）であろう。良い「出会い」か悪い「出会い」かはその後の人生、あるいは癌化を大きく左右する。「禍の起こるは起こる時に起こるにあらず。

由って来るところ遠」いことを見極めずに、また、「我を生みしは父母である。我を人たらしむるは師である」（新渡戸稲造『武士道』）ことを顧みずに、「扇」が立派に開くことはあるまい。

Dramatype の復権――温故創新

今年は福沢諭吉の没後一〇〇年にあたる(一九〇一年二月三日死去)。福沢は、士分でありながら身分が低いために苦労した父親を思い、「門閥制度は親の敵でござる」と語っている(『福翁自伝』)。もし彼が生きていたらゲノム、遺伝子時代の今日を何と言うであろうか。「遺伝子は親の敵でござる」と言うであろうか。

最近、病気(多因子病である生活習慣病)のリスク診断が盛んに報道されているが、多因子が複雑に絡み合い、かつ一つ一つの遺伝子の病気発症への寄与と浸透率が低い場合、必ずしも発症にはつながらない。

ゲノムプロジェクトが完了すれば、人間は誰しも一〇個ぐらい遺伝子の変異を保有していることが明確になろう。ただ「表現型(Phenotype)」として病気が発症していないだけのことである。「病気のリスクが高い」ことと「実際に病気である」ことは違う。遺伝体質（遺伝子型、Genotype）、環境因子を含め、修飾因子が複雑に絡み合い病気は発症する。病気は、変えられる「表現型（Phenotype）」であるゆえに予防・治療も可能となる。これを現代Dramatype（演出型）として温故創新したいものである。

Dramatype という言葉は、一九五九年 Russell と Burch が実験動物の反応型として提唱したものである。発生環境 (developmental environment) の影響を受けて「表現型」が示され、その表現型はさらに近隣環境（proximate environment）の影響を受け Dramatype になると彼らは考えた。遺伝学においては演出型という言葉・概念は存在しないであろう。

しかし、ゲノム、遺伝子万能時代に、変えられる「表現型」としての「Dramatype」をあえて復活させてみたいものである。あらゆる分野でドラマチックな「風貌」を失いつつある現代に、感銘を与える学問の「風貌」の復権を期待したい。これには福沢の言う「痩我慢」が必要だが、しかしまた

「一周遅れの先頭の責務」（林良博東大農学部長）であるとも考える。先頭に立ち、「しんがり」を務める「器量」「度量」「国際性」を備えた、あるべき「風貌」出でよ！

楕円形の心

「地球規模で考え、地域社会に行動しよう」(think globally and act locally) という有名な言葉があるが、最近よく「グローカリズム」という造語（?）を見かける。「グローバル」にものを見て、「ローカル」で生きるという意味のようである。

そもそも日本が生んだ傑物、内村鑑三は「真理は円形にあらず、楕円形である……すなわち、その中心は二個であって一個にあらず。……万物に二方面があって一は全く他とその素質を異にする」と見事に看破している。

生体には「交感神経」があり「副交感神経」がある。細胞内には「癌遺伝子」とそれに対極する「癌抑制遺伝子」が存在する。健全な生体システムにとっては「楕円形」は必然的なことであろう。一方、均一な細胞の異常増殖は癌の特徴であることは周知の如くである。人間社会の同心円は、かたや派閥形成へと導く。

「思索的」vs「叙述的」、「愛」vs「義」、「普通」vs「個別」、「都会」vs「地方」という対極は思想的には「躓《つまづ》きの石」であっても、いわゆる偉人は自らの生涯を通してジレンマの中にあって調和点に達したのであろう。「我には大いなる矛盾《むじゅん》あり。我は大いなればなり」（ホイットマン）とはまさに人生の深味であろう。

新渡戸稲造は、「犬・雉・猿」という性質の全く異なったものを「最高の運命共同体」に育て上げたのが「桃太郎の器量」であると考えた。また民俗学の柳田国男とともに「郷士会」を始め、地方《ぢかた》学を唱えたのもやはり「楕円形」の精神の表われであろう。

「何事に限らず、円満を要求するが間違いの始めである」（内村鑑三）とはよく言ったものである。緊張的バランスの破綻《はたん》こそ、細胞の癌化の起始ではなかろうか。

楕円形の心

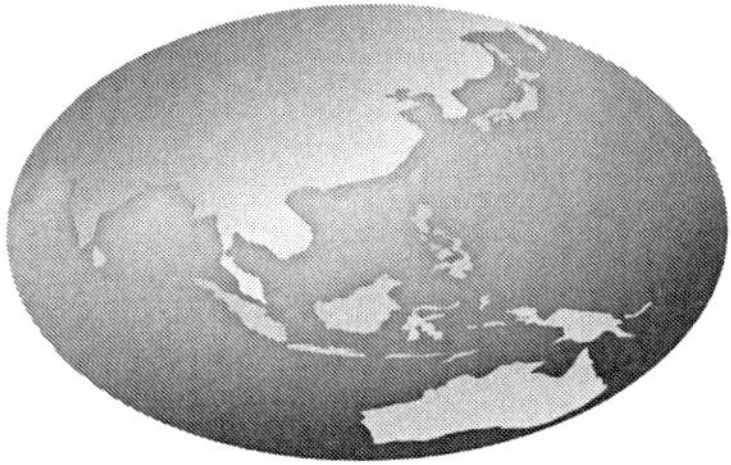

Red herring に気をつけよ

最近、大学入試や会社の入社試験の面接では、驚いたことに「尊敬する人物」を問うてはならないという。何故なら、差別（？）に繋《つな》がるからであるとのこと。自分の人生の「恩師」を語ることすらはばかられる時代的様相である。不思議な時代である。

私は、先日、福島県が生んだ世界の医学者である猪苗代町の「野口英世記念館」と浅川町の「吉田富三記念館」に行って来た。この二人の根底に共通しているのは、自ら高らかに語れる人生の「恩師」が存在していることであると思う。医学者の「誇り」と「謙遜」の起源について学ぶよい機会であった。ゲノム時代だ、ＩＴ時代だと言っても、人間の心情の動きは昔も今も変わってない。人間の性《さが》である。ここに歴史の先達に謙虚に学ぶ理由があるであろう。それが「教育の本質」ではなかろうか。

私は「癌の遺伝学の父」と呼ばれている Knudson 博士の下に留学した（一九八九―九一年）。当時の癌研所長であった菅野晴夫先生に「最近のように研究が Big science 化している時代、Knudson 先生の所へ行って、〝紙と鉛筆〟だけで science がここまでできることを学んでこい」と言われた。この言葉は極めて印象に残っている。まさに先見の明である。

Knudson 博士から学んだ精神は、複雑な問題を焦点を絞り、単純化する、自らの強みを基盤とする、なくてはならないものは多くない、なくてもいいものに縛られるな、Red herring に気をつけよ、である。

「Red herring に気をつけよ」（相手をその気にさせて間違った方向に行かせるものに用心せよ）とはまさに科学的精神、真理探求の精神、批判的精神、すなわち「科学する心」の基本である。「五〇年間に三〇人のノーベル賞受賞」などの目標を掲げる第二期科学技術基本計画についての議論にも「政治でゆがめられない科学する心」（矢内原忠雄）の批判精神が大切ではなかろうか。

この時代に必要なのは「なくてもいいものに縛られ」ず、「勇ましい高尚な生涯」（内村鑑三）を送る医学者ではなかろうか（これにはお金もかからず、いつでもどこにいてもできる!?）。

癌細胞は「病気になった細胞」ではなく、それ自身は「健康な細胞である」（吉田富三）ことを人々はきちっと認識する必要がある。しかし宿主である人間を殺すのである。まさに「Red herring に気をつけよ」である。

野口英世

共生のコンセプト――改革者の精神

最近、新聞、書店にあふれる雑誌を見ると「改革」「情報」なる言葉に満ちている。まさに「マス・メディアが伝えると言葉が増殖する」とはよく言ったものである。情報に振り回されず「峻烈《しゅんれつ》なる観察力」（正宗白鳥）を養い「他は見て過ぎよ」（ダンテ）と勇気を持って言える胆力のある人間になりたいものである。

ところで今年は、国連の「文明間の対話の年」とのことである。「真理は一つの形をとるのではなくて、複数の姿をとることがある。真理はこちら側にあるかもしれないが、また相手側にあるかもしれない。私どもが拠《よ》り所としているものがお互いを裁きあう『偽善の砦《とりで》』にならないように、平和のうちに赦しあえる寛容が必要である」（ミルトン）の言葉が思い出される。

「個別と普遍」「異質な文化・思想」の「架け橋」の源流であると筆者が考

える二つの著作『代表的日本人』（内村鑑三、一九〇八年）『武士道』（新渡戸稲造、一九〇〇年）に「共生のコンセプト」の原点があると思えてならない。これらがともに英語で一〇〇年前に書かれたとは大いなる驚きである。「真の国際人」には「静思から得られた結論を語る」度量が必要であろう。所詮大騒ぎしても我々には「畳一枚ほどの墓場」（内村鑑三）しか残らないのである。

しかし、大いなる人物は「収穫物というものは存命中に実を結んだ物だけではないことを覚えておかなければならない」（ポウエル）のであるから、故に後世に生まれたわれわれがこれを「温故」することによって、現代に貢献できるのである。真の改革とは「温故知新」の繰り返しではないだろうか。すべて「複雑な現象は単純な事実の投影に過ぎない」（広中平祐）かもしれない。複雑化↓単純化↓複雑化というサイクルを繰り返し、学問も人間社会も進展していくものと思われる。現代はまさに複雑の中に原則（principle）

を求めており、単純化へのサイクルの始まりのときではなかろうか。

内村鑑三

学問的という形容詞――向上心のある虫

経済財政諮問会議の国立大学独立行政法人化、民営化、また総合科学技術会議の科学政策の話題が毎日のように報道されている。まさに「科学をもって産業を興す」ことは国家的要請である。Translational research の奨励、そして国立大学教授が大学の研究成果や技術を企業に橋渡しする技術移転機関（ベンチャー企業）の取締役に就任することが堂々と新聞記事になる世相である。一方では「競争的環境の中で個性に輝く」ことが唱えられている。普遍性（universality） vs 独自性（particularity）の調和をいかにして（how）具体的に達成できるであろうか。

昔（かつて）読んだノーベル賞学者湯川秀樹の「貧乏が学者を作る」という言葉が妙に思い出される今日この頃である。

思えば一八七六（明治九）年六月下旬、マサチューセッツ農科大学学長であったクラーク博士は横浜に到着し、北海道に向かった。教育方針の違いから、北海道開拓使の黒田清隆と船の中で大激論を交わしたが、開校式での彼の演説は学生たちを大いに感激させ、学生たちの生涯のコペルニクス的な転換点となった。卒業生のその後の、明治日本の各界の指導的役割を見れば明らかである。

そしてわずか八ヵ月後の翌年四月、名言「少年よ大志を抱け」(Boys be ambitious) を残して去っていったのである。この文章に続く言葉に諸説あるが、「like this old man」が有力なようである。クラークは一八二六年生まれであるので五〇歳ということになる。現代の五〇歳のリーダー（教授）は学生に「大志を抱かせる」風貌があるだろうか。現代は模範（モデル）を見失っている時代といわれている。むしろ「大人よ大志を抱け」と言うべきで、これこそ温故創新である。後世に残る偉業を成し遂げた人物の多くにはその生涯でよき模範（モデル）との出会いがあったことは歴史が証明するところである。

「五〇年間に三〇人のノーベル賞を」と唱《とな》えるなら、最も効果的な方法の一つはノーベル賞級人物との若き日の人格的出会いによるimprinting（刷り込み）のように思えてならない。

「虫が虫の生態現象を、その住家である泥の立場からだけ論じる場合それが学問的と呼ばれます。しかし、向上心のある虫が空に浮かぶ雲の立場から虫の生態を考察するとたん、学問的という形容詞は付かないのです」（新渡戸稲造、一八八八年）。今も昔も勇気のある「向上心のある虫」は少ないようである。

若き日に「目標とする学者の風貌」を覚えよ！

羊ヶ丘のクラーク像

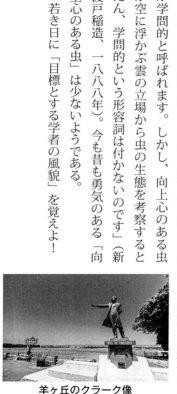

南原繁――洞窟の哲人

先日、松尾裕先生（東大医学部一九五一年卒、日大医学部名誉教授）から、戦後初の東大総長南原繁（一八八九―一九七四年）の「戦没学生にささぐ」（一九四六年三月二〇日）「戦没学生の遺産を嗣ぐもの―学徒出陣二〇周年を記念して―」（一九六三年一二月一日）の二つの文章が送られてきた。南原をじっくり勉強する機会が改めて与えられた。

私は南原に直接逢ったことのない世代である。そもそも、私が南原の名を初めて知ったのは浪人時代、一人の先生に出会ったことによる。その先生は東大法学部の学生として南原から直接教わった人で、学徒出陣をし、南原総長時代に卒業した人である。私は若き日にその先生から南原の「歩き方」「話し方」「話の内容」に至るまで、人となりをよく聞かされたものである。「学者の風貌」を覚えさせられた。南原の共通の師である内村鑑三と新渡戸稲造のことも知るに至り、それらの著作にも親しんで二五年にもなる。

今年（二〇〇一年）は北海道大学創立一二五周年であり、且つ「クラーク博士」来日一二五年でもある。今秋、北大での記念シンポジウムで講演をする機会が与えられたのも不思議な巡り合せである。「クラーク↓新渡戸稲造↓南原繁」の流れである。「学歴から学問歴へ」の時代である。「…いまや進歩した文明と大衆社会の時代において…まず同胞や社会に与える効果について考えやすい。そのために、自ら究めるべきをも究め尽くさないで、人類や大衆、いままた国家の名において呼びかけるものに、直ちに凭《よ》りかかる傾向がある。…」（一九六八年、南原繁）。昔（かつて）読んだ文章が妙に現実味を帯びて私に追ってくる今日この頃である。

「何かをなす（to do）の前に何かである（to be）ということをまず考えよということが（新渡戸）先生の一番大事な考えであったと思います」と語り、「日本の将来の命運」をかけて「なすべきことをなそう」と「洞窟」から出ていった南原の「練られた品性」を静思して学ぶべきときではなかろうか。

「洞窟の哲人」よ出でよ!

南原繁

夢・ビジョンを植える――絵本に学ぶ

私は青春時代、松山に数年暮らした。そのときの私のキーワードは当然のごとく『坊ちゃん』（夏目漱石）、『坂の上の雲』（司馬遼太郎）であった。毎日のように道後温泉につかり、人生を思い、自分の遠き将来を夢見たものである。「教育の精神は単に学問を授けるばかりでない。高尚な、正直な、武士的な元気を鼓吹《こすい》する」という『坊ちゃん』の山嵐の教育理念が妙に懐かしく思い出される今日この頃である。

ところで本誌は創刊から毎月発刊され、九号に至った。原稿も増え、ゆっくりであるが着実に前進している。読者からも反響が寄せられているようである。本誌の最後のページには「専務理事」「編集スタッフ」と併せて三本の文章が三点セットとして毎号載っているのが一つの特徴である。私はこれを「三本の木」と名称している。

そもそも『三本の木』とは、作者不明だが、古くから外国で知られている絵本のタイトル'The tale of three trees'日本語訳である。「三本の木」は、それぞれ自分の将来を大きく夢に見ながら現実は自分の思いとは一見大きく違っており、そのギャップに悩みながら最後はそれぞれの夢に忠実に、誠実に歩み、各自の役割、大いなる使命に到達したという物語である。

最近、「競争的環境の中で個性に輝く」ことがうたわれている。しかし、現代のような変化の時代、人の目が気になる時代、一人の人間として「目的」「ビジョン」をじっくりと掘り当てることは、実際は容易なことではない。

「ああ、ここにおれの進む道があった!」(夏目漱石『私の個人主義』)と「天職」を見つけたいものである。「汝自身を知れ」とは古代ギリシア以来変わらない真実である。

成功本位と誠実本位――「商売成功の秘訣」十ヶ条に学ぶ

この文章を書いているとき、衝撃的なテロ事件が起こった（九月一一日）。筆者はかつてニューヨークにあるAlbert Einstein医科大学肝臓センターに留学（一九八四〜八五）したことがあり、マンハッタンにある世界貿易センタービルには上ったこともある。そのビルがハイジャックされた旅客機の突入により倒壊する場面を一五年後テレビ実況で見ることになるとは…。

先日、会議発表で軽井沢を訪ねた折、内村鑑三が軽井沢の若主人に宛てて草した「商売成功の秘訣」十ヶ条（一九二六年）のことを思い出した。

一、自己にたよるべし。他人にたよるべからず。
二、本《もと》を固くすべし。さらば事業はおのずから発展すべし。
三、急ぐべからず。自動車のごときも、なるべく徐行すべし。

四、成功本位の米国主義にならうべからず。誠実本位の日本主義に則《のっと》るべし。
五、濫費《らんぴ》は罪悪なりと知るべし。
六、よく天の命《めい》に聞いておこのうべし。みずからおのが運命を作らんと欲すべからず。
七、雇い人は兄弟と思うべし。客人は家族として扱うべし。
八、誠実によりて得たる信用は最大の財産なりと知るべし。
九、清潔、整頓、堅実を主とすべし。
十、人もし、全世界を得るとも、その霊魂を失わば　何の益あらんや。人生の目的は金銭を得るにあらず。品性を完成するにあり。

世の中の変動があらゆる分野にも及んで、その波紋は「科学」にも拡がってきている。このような時代に「成功本位」ではなく「誠実本位」との宣言が妙に心にしみる。成功する（succeed）ことのみ叫ばれる今日、succeed

には継承という意味のあることも忘れてはならない。アメリカの「成功」の象徴である高層ビルの倒壊はさまざまなことを思わせる。

「科学に国境はないが、科学者には祖国がある」（パスツール）ならば、徒《いたずら》に他に追従することなく、「成功本位」と「誠実本位」の違いを「日本の将来の命運」をかけて静思するときではなかろうか。

これを秋の夜長の「思索の慣習」として「人生の習慣」（大江健三郎）にしたいものである。何故なら求められるべき「真の国際人」とは、静思から得られた結論を語る人物であると考えるからである。

余をしてもし外務大臣たらしめば――小国の大人物

今夏（八月末）、筆者は長春での肝癌シンポジウム参加と大連での病院見学の機会が与えられ、中国の大都市発展の勢いに驚いた。「年々汚くなってきている東京」（筆者のアメリカの友人の印象）と対比しながら「五〇年後の日本の姿」がふと脳裡《のうり》に浮かんだ。「教育が衰微《すいび》すれば国家も衰微する」とは歴史的事実である。

名高い旅順の二〇三高地にも寄ってきた。二〇三高地といえば、一九〇一年「実際論でなく思いきって理想論を聴かせよ」と命じ、「なんとスケールの大きな人物であることか」と新渡戸稲造をうならせ、また新渡戸のアメリカ人の妻（メリー）にも「私が生まれてから会った一番頭の鋭い人」と感じさせた児玉源太郎を思いだす。

この文章を書いているときは、アメリカのアフガニスタン報復攻撃のさなかだが、今年のノーベル平和賞は国連とアナン事務総長に決定したとの報道が入ってきた。私はかつて、国際連盟事務次長として活躍した新渡戸稲造の「オーランド裁定」（一九二一年）と「知的協力委員会」（一九二二年）を思い出した。知的協力委員会はベルグソンを議長として、新渡戸が事務局責任者、メンバーにはアインシュタイン、キュリー夫人など錚々《そうそう》たる人物一二名により構成されている。世界第一級の科学者、哲学者の英知を集め、連盟を超え、文化の力を借りて平和を維持しようとする国際人・新渡戸稲造のアイデアである。新渡戸稲造に学ぶ真の国際人の定義とは、①賢明な寛容'the wise patience'②行動より大切な静思'contemplation beyond action'③紛争や勝利より大切な理念'vision beyond conflict and success'④実例と実行'example and own action'である（原田明夫検事総長による）。

人の目を気にしながら、自らの歩むべき道を決めかねている現代の日本人には、迷える子羊である自覚、閉塞感《へいそくかん》が多かれ少なかれある。すべての始まりは「人材」である。行動への意識の根源と原動力をもち、「走るべき行程」と「見据える勇気」、そして世界の動向を見極めつつ「余をして外務大臣たらしめば」（内村鑑三）と高らかに理念を語る「小国の大人物」（新渡戸稲造）よ出でよ！

アルベルト・アインシュタイン

人爵vs天爵――「遺《のこ》りの者」から

『scientia』も創刊号から一二月号と無事一年を終えた。感無量である。当初は毎号原稿が集まるであろうか、いつまで続くことやらと不安の中で始めたのであった。「光陰矢の如」く、あっという間に一年が過ぎてしまったが、「この世界を自分たちが見出した時よりも、より善きものにして残すために努力しよう」（ハーシエル）という思いは、筆者の方すべてに通じるものではないかと拝察する。

日本人は、資格、金、地位などすべて人間のこしらえたもの（人爵、ノーベル賞にしても然り）に拘泥《こうでい》する風があると言われている。当然、人の心はそれによって卑屈になる反面、自分がすべてを動かせるような錯覚、勘違いをしている人の多いことも世の実状であろう。人爵を重んずれば物の見極めが正確でなくなり、「人は人たり、われはわれたり」（天爵、『孟子』）といえる、胆力のある人格の大きい人物が育ちがたい環境となる。「この世と調子を合わせてはいけません」（ローマ書一二章二節）という言葉を、「人間学」を探究する者は心せねばなるまい。

癌（細胞）の進展の如く、人の一生には「始めがあり、中があり、終があると」（癌は開いた扇のようである）。民族、国家においてもこれと同様なことが言えるのは歴史が示す厳然たる事実である。時局や個人の境遇の変化にあまりに一喜一憂すれば心労となり、押しつぶされて「見上げても見飽きない楡《にれ》の木」（新渡戸稲造）にはなれない。「剣をうちかえて鋤《すき》となし、その槍をうちかえて鎌となし、国は国にむかいて剣をあげず、戦闘のことを再びまなばざるべし」（イザヤ書二章四節）はいつの日か来るであろうか。

「勢力かはた真理か」（藤井武）は永久の課題である。「声を街頭にきこえしめず」（イザヤ書四二章二節）、「隅石」の如く、「勢力」になびかない「遺りの者」（イザヤ書一〇章二二節）としての存在は必要である。

新しい二〇〇二年の「日本のゆくえ」（矢内原忠雄）はいかに。

藤井　武

年始雑感——縄文人に習う

二〇〇二年の幕開けである。世の中は「獲得競争」「改革」という大きな波が「教育」を含めあらゆる分野に押しよせている。まさに我々は歴史の「転換現象」の渦中にある。「古いやり方」の何がいけないのか。何を継承すべきなのか。「静思」するときである。

「縄文人と弥生人」をキーワードにしてその違いを社会現象に投影し、現代の抱える問題を浮かび上がらせようとする試みが盛んである。「全体として悠々とした雰囲気が周辺からなくなりせせこましくなっている」（杉村隆）現代において、アンデルセンの童話『みにくいアヒルの子』のごとく、「居場所を変えれば人生の俯瞰《ふかん》が広がる」という切なる願いからくるものであろうか。

悠々とは、①世の流行《はや》り廃《すた》りに一喜一憂せず、あくせくしない態度。②軽やかに、そしてものを楽しむ。③学には限りがないことをよく知っていて、新しいことにも、自分の知らないことにも謙虚で常に前に向かって努力すること（菅野晴夫）である。

縄文人から弥生人への流れは、歴史の中の「不連続の連続性」であり、「癌化」における「段階を超える原理」の解明に一脈通ずるものがある。「…戦争のことや、戦争のうわさを聞く…」（マタイ二四章六節）の現代を顧みて、縄文時代（約一万年間）には戦争がなかったというノスタルジアも耳にする。戦争の定義・解釈により見解は異なるであろうが、「緊張感をもち、共存しながらムラの活性化を保ち、且つムラの中で派閥ができないように」心がけた、まさに縄文人の「楕円形」の精神の実践であり知恵であろう。多様性の中に統一を求める「共生」の精神は「縄文姿勢方針」（小林達雄）としてまさに「温故創新」である。

「我々は前方に向かって生き、後方に向かって理解する」（キルケゴール）

必要性の根拠がここにある。

構造異型に立向う度量

構造改革、構造腐敗、構造汚職と、日本は今「構造病」の様相を呈している。プリオン病（狂牛病）もまた構造病（コンフォメーション病）である。日本では昨年三頭の牛海綿状脳症（BSE）の牛が見つかったが、英国ではすでに約一八万頭のBSEと一一〇人の変異型クロイツフェルト・ヤコブ病（CJD）患者が見つかっている。

プリオンは細菌やウィルスとは全く異なる感染病の病原体で、核酸が介在しない蛋白質だけの全く新しいタイプの感染症であり、その発見により米国のプリジナー（Prusiner）が五年前、ノーベル医学・生理学賞を受賞した。

ヒトの場合二五三個ある、アミノ酸の小型蛋白である正常プリオン蛋白と、感染性がある異常プリオン蛋白の違いは「構造の差」であり、後者は分解に抵抗・沈着して神経組織を破壊し、脳が海綿状になる。構造病と呼ばれる由縁である。

最近、小学校の運動会の競争で一緒に手をつないでゴールインする風潮がはやっており、内館牧子氏は「手つなぎ個性」と言っておられる。胃癌の「手つなぎ腺管」という現象は「構造異型」であり、悪性所見である。「手つなぎ個性」は「構造異型」として悪性所見につながらないであろうか。構造病は、プリオン病のように感染性であり、ついには組織・個体を死に至らしめる。

筆者が提唱する「癌哲学者」（読売新聞・論点、二〇〇二年二月一三日朝刊）の定義とは「高度な専門知識（癌学）と幅広い教養（哲学）を兼ね備えている人物のことであり、視野狭窄《しやきょうさく》にならず複眼の思考をもち、教養を深め、時代を読む「具眼の士」（A seeing eye）である。

リーダーにも「構造」を見渡す「度量」が求められよう。清水次郎長は山岡鉄舟に「お前は子分が多いが、お前のために死ねる者は何人いる」と聞かれて、「一人もいないかもしれません。でもわっしでしたら子分のために死ねます」と答えたとのことである。まことにリーダーとしてのすがすがしい胆力であり、あらゆる所で責任感の欠如が目立つ昨今、彼の「度量」が心にしみる。「ヤクザは面白い、悪性には違いないが乱暴に取り除くと又別の副作用が生じる。結局は共存しなくてはならない」という吉田富三の言葉にも構造を見据えた度量が感じられる。

本物の「ヤクザ」は少なくなったかもしれないが、「人物なんてのは目玉一つでどこにもいる」（勝海舟）ことを忘れないようにしたいものである。

清水の次郎長

桃太郎の器量――リーダーの胆力

急落したとはいえ小泉内閣は高支持率を保っている。我が国では、「抵抗勢力」があってなきが如く、「Fashion」「Passion」「Mission」の見分けがついていないのではないかと思われる。

大学では、「世界的教育研究拠点の形成のための重点的支援（二一世紀COEプログラム）と名づけられた「トップ三〇」と「独立行政法人化」で大変革の中にある。しかし、「世界的通用力」を気にかけるばかりに、大学の建学理念の希薄化と教養の低下にともない、存在理由の希薄化《きはくか》が加速していると思える。一方で、変革リーダーを育てるスクールに人気があるそうだが、理念なくしては有効な対策・手段をもちえないであろう。首相の母校の建学者、福沢諭吉がこれらの状況を見たら、「教養の低下は人類の敵でござる」と嘆くのではないか。

大学院大学に重点をおくというなら、何ゆえに東大・京大は学部学生をとらないと高らかに堂々と宣言できないのか。学部卒の学生に魅力を提供する「器量」がないのであろうか。「公共の利益」と言いながら「私益の積み重ね」では世の真の変革は無理であろう。自分の死後、だれも継承しない程度の変革なら大したものではない。

「器量」といえば、「挑太郎」を思い出す。鬼ケ島遠征の物語は、子供時代、村のお寺の紙芝居でよく聞かされたものである。桃太郎が犬・雉・猿という性質の違った（世にいう犬猿の仲）伴をまとめあげたことを挙げ、世に処する人は「性質の異なった者を容れるだけの雅量」をもたなければならないと新渡戸稲造は『世渡りの道』（一九一二年）で述べている。とかく、競争の名の下に、実は個人感情で排斥《はいせき》をする自称リーダーへの警鐘でもある。

日本の女性科学者のさきがけである猿橋勝子氏の恩師は「科学者は知識だけじゃいけない。哲学がなければ」と言ったとのことである。激しく移り変わる混沌とした世界の中で「広い視野」と「確固とした現実認識」と「深遠な歴史意識」をもち、「なすべきことをなしたい」ものである。

人生の師―歴史・学問の動脈

最近、ちまたでは外交官のあり方が注目されている。外交官といえば私は学生時代に読んだ『道しるべ』(Markings)の著者で、国際連合の名事務総長(一九五三〜六一)とうたわれたダク・ハマーショルドを思い出す。まさに「何かをなす(to do)」の前に「何である(to be)」を問うた静思の人であった。私は「二一世紀における病理学の復権」を密かに夢み、まず原点に戻って静思のときと思い、山極勝三郎(一八六三〜一九三〇)、吉田富三(一九〇三〜七三)の書物をこの一年間じっくりと読んだ。

一九一五年、ウサギの耳にコールタールを塗《ぬ》り、世界で初めて扁平上皮癌を作った山極勝三郎、一九三二年にオルトアミノアゾトルオールをラットに食べさせ、世界で初めて内臓癌(肝癌)を作った佐々木隆興・吉田富三、一九六七年にMNNGという物質をラットに飲ませ、世界で初めて胃癌を作った国立がんセンター名誉総長杉村隆博士。このように日本は世界に誇る化学発癌の創始国で、二〇世紀はまさに「癌を作る」時代であった。これらの起源はイギリスの外科医ポットによる煙突掃除夫の陰嚢癌の報告に始まり（職業癌の発見）、ドイツの病理学者ウィルヒョウの刺激説に導かれた「学問歴」によるものである。

一方、癌発生の原因論として刺激説の対極にある「遺伝性癌」の父、アルフレッド・クヌドソン（一九二二〜二〇一六）もまた私の先生（Mentor）である（『癌遺伝学の夜明け─クヌドソン博士の「Two-hit Theory」』日本学会事務センター発行、参照）。

彼らに共通するのは、「癌学者としての生涯を貫く一大テーマをもち、癌発生観に対する「深い哲学と広い教養」（癌哲学）を備えていることである」と考える。まさに「静思から得られた結論を語る」人物たちである。「根本的革新は常に静穏《せいおん》の業」（内村鑑三）から始まり、「歴史の動脈」は人物を通して流れるものである。

山極勝三郎

時を友として——ウィルヒョウ没後一〇〇年

今年は「病理学の父」ウィルヒョウ（Rudolf Virchow 一八二一～一九〇二）の没後百年である。

ウィルヒョウは癌化の「刺激説」を提唱した。この有名な説の刺激作用の本質が如何なるものかは、当時のドイツ病理学界の中にも誤解と曲解があったようだが、現代でも未だ十分理解されてないように思う。

細胞病理学の祖述者であり、「細胞は細胞より生ずる」の名言を残したウィルヒョウは「形成的刺激」として、癌細胞は正常細胞から transform する（癌は細胞が分裂してできる）と考えた。「日本の病理学の父」山極勝三郎がウィルヒョウの下に留学し、のちに刺激説にのっとりウサギの耳にコールタールを塗り、世界で初めて扁平上皮癌を作ることに成功した（一九一五）のは有名である。

ウィルヒョウはある人名辞典によると作家、編集者、政治家、人類学者、民族学者、考古学者、と続いて最後に病理学者とされ、「『細胞病理学』を一八五八年に著しそこから癌の研究が始まる」と書いてあるとのこと（杉村隆、医学界新聞一九九九年九月十三日号）。

世界の大病理学者は「作家」でもあり「編集者」でもあったのである。一八四七年以来今日まで連綿として続いているVirchows Archivを二六歳で創刊し、また四八年には週刊誌『医学改革』を発刊し、信念の人として医師の良心を語っている。横に鋭い眼を配るだけで、「絶えず他人の評や思いを気にし、探りを入れて生きている〝レーダー的人間〟」（船本弘毅）が増えている今、「大観し要約して真理の在る方向を示し、混沌の中に一道の正路を見出すことの天才であったウィルヒョウ」（吉田富三）に学ぶことは多い。まさに「読書は充実した人間を作り、会話は機転の利く人間を作り、書くことは正確な人間を作る」（ベーコン）である。

「科学者とか文学者とか政治家という区分けは方便であり、ただのプロセスで人間最後には一つの同じ目標に向かって進まねばならぬ」と吉田富三博士は大胆に語っている。その吉田博士も来年が生誕一〇〇年である。「なすべきことをなそう」とする「愛」を持って「時を友」として「一生の業」を求めたいものである。

ウィルヒョウ

郷中教育——人格の力

先日、あるシンポジウムで久しぶりに鹿児島を訪れた。アメリカ国務長官ブライアンが「英雄の町」と呼んだ加治屋町について、改めて静思した。その由縁《ゆえん》が「郷中教育」にあることは広く語られているところである。郷中教育の教えの中には「議（つべこべ小賢しい理屈）を言うな」「うそを言うな」「弱いものをいじめるな」があり、「ご機嫌取り」「ご都合主義」「保身」とは無縁な姿である。

西郷隆盛が時代をにらんで自決したのは四九歳、「無二の友を敵としても」の大久保利通が翌年暗殺されたのは四七歳のときである。筆者は今年その真ん中の四八歳、「人生の同期」として時代を超えて心に感ずるものがある。ちなみに西南の役の年（一八七七）、新渡戸稲造は「太平洋の架け橋とならん」と明日を夢見て札幌農学校の二期生として入学したが、当時の北海道開拓使長官（のち総理大臣）黒田清隆も加治屋町出身であることは興味深い。

息子の入学にあたり、盛岡に住む新渡戸の母は、当時としては大胆にも日本を遥《はる》かに超えて「世界に名をあげよ」と手紙に書いている。時代から去っていく者、これから時代に生きる者と移り変わりはするが、その時々の出来事を「片隅で」「ちっぽけなゴミ」と見なせるほどの胆力と先見性を有する人物が必ず存在するのも歴史の不可思議である。

最近クローン人間作成の倫理性をめぐり、禁断か進歩か、はてはバベルの塔かと盛んにマスコミで報道されている。筆者には旧約聖書中のアブラハムがなぜか脳裡《のうり》に浮かぶ。彼が正妻サラの申し出に従い、女奴隷ハガルとの間に息子イシュマエルをもうけたのは「自分の子孫をもつ」という人間的、あまりにも人間的な動機に由来している。アブラハムとサラにとっての問題は今でも変わらぬ根深い問題であり、それを見過ごす論議が「倫理とはリンリリンリと鈴虫の如し」と言われてもいたし方あるまい。

「時代の波は寄せては返す」。今の日本を暗くしている理由は「経済」でもなく「産業」でもなく「科学」でもなく、「預言者」的人格の不在ではなかろうか。「泥沼の中に咲く蓮の花」のように「一隅《いちぐう》を照らす」人の心と歴史を見ぬく「人格の力」出でよ！

西郷隆盛

高貴なる意志の感動――「アンテナ型」と「羅針盤型」

日本はサッカーのワールドカップで決勝トーナメントに進出し、国中大変盛りあがった。ちょうど筆者は大阪と京都での学会に参加していたが、研究者も学会どころではなく「皮相上滑り」であった。また京都の同じ会場では「第一回産学官連携推進会議」が開催され、技術移転機関（ＴＬＯ）の関係者が多数参加して混雑していた。「科学をもって産業を興す」時代、帰路の新幹線の中で「ぼんやりとした不安」（芥川龍之介）を感じた。

初期の癌化細胞はいまだ「行く先を知らない」で過酷な環境にあり、尺取虫のごとく着実に進展していくものが生き残る。外界依存性（アンテナ型）と外界非依存性（羅針盤型）の混在である。アンテナ型は表面に受容器は良く発達しており、豊富な情報量を誇るが非自律的であり、外発的である。内発的で自律的である羅針盤型とは質的に大きく違う。「日本の開化は外発的」

（夏目漱石）に偏《かたよ》った末の現代の病理現象に通ずる。

「本《もと》は一つであり、末は多岐に分かれる。末梢の一つ一つを追いかけていっても、本を見失えばいたずらに疲れるばかり、根本に眼を据《す》える必要がある」は戦略（根本的な方向付け）と戦術（その場の対処・処理）の定義を鮮明にしてくれる。「学は之《これ》を励ますに高貴なる意志の感動を要す。功名を目的として、利益の刺激に依りて智能は永久に発育し得べきものにあらず。我が帝国大学の衰凋は其中に高遠《こうえん》な理想の活動せざるに存す」（一八九八年、内村鑑三）とは教育の現況を展望すれば深く心にしみる。

まさに世の「改革者は自らは改革されないで改革された社会に住むことを望む。よって真の改革は何一つ出てこない」。いつの時代も真の改革者は「正統なるが故にアウトサイダー」である。故に「具眼《ぐがん》の士」の「学問歴」が大切になってくる。筆者が癌病理学者として、来年の吉田富三生誕一〇〇年に標準を合わせる根拠がここにある。

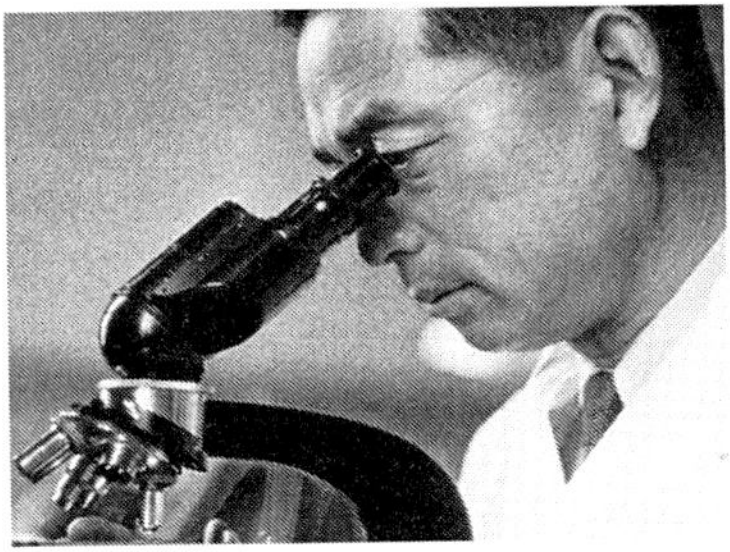

吉田富三

喚起の場—Grasp of things

先日、オスロ（ウィルス肝炎性肝癌）とフィラデルフィア（遺伝性腎癌）における講演と、バンクーバーのブリティッシュ・コロンビア大学にある新渡戸記念庭園訪問の機会に与《あずか》った。筆者の三つの研究テーマ（肝発癌、腎発癌、癌哲学）の「過渡期の指導原理と新時代の形成力」探究の旅であった。飛行機の中では『代表的日本人』（内村鑑三）、『武士道』（新渡戸稲造）を再び熟読玩味《じゅくどくがんみ》した。

オスロは遺伝性腎癌ラットの発見者である病理学者 Eker 博士（一九〇三〜九六）の活躍の地であり、二度目の訪問となった。日本の憂《うれ》うべき現状のせいか、前回にも増して「小さくとも光る豊かな国」をノルウエーに感じた。近頃あらゆる分野においてトップの品性、人格が問題にされていることもあってか、バンクーバーのオアシスのごとき新渡戸記念庭園では、現代教養としての専門性と教養のあり方を考えた。

筆者にとってこの三つの訪問地は「砧木の幹」、学問・人生の喚起の場であった。キーワードはGrasp of things（物事の核心をつかむ）である。まさに「小さな一輪の花を取ってこの花の研究ができたなら宇宙万物の事は一切分かる」（テニソン）の心境であり、専門性としての「領域を守る」（カーライル）根拠もここにある。顕微鏡でながめた癌細胞から社会病理を見据えようとする癌哲学の気概でもある。即ち「一葉落知天下秋」（一葉落ちて天下の秋を知る）である。

一八九八年、療養先の伊香保温泉からアメリカ・モントレーへの転地療養に際して、同行した河合道（恵泉女学園創立者）に語った新渡戸稲造の言葉が旅中で思い出された。「日本にも偉い人物はいます。しかし祭り上げられています。ところがアメリカでは台所に、学校に、人生のあらゆるありふれた路上でみつけられるのです……日本では偉い人物というものを地位の高い人とか、家柄のよい人とか、大学者だけの中に探す傾向があります。実にすばらしい人たちが……見落されることがよくあるのです」。

最近の新聞紙上に出てくる審議委員会のメンバーをみているとなぜかこの言葉に現実株がある。筆者は「新・代表的日本人」なる本をいつか書いてみたいと密《ひそ》かに夢みるものである。

新渡戸稲造記念庭園

賤《いや》しからざりし精神――Imitate vs. like

先日、東京大学工学部教授 広井勇（一八六二～一九二八）についての話をうかがう機会があった。広井勇は札幌農学校第二期生で内村鑑三、新渡戸稲造と同級であり、彼が小樽港に建設した日本初のコンクリート製長大防波堤は、一〇〇年の荒波に耐えて今も当時のままに機能しており、当時の土木技術の水準からして「日本土木史の驚異《きょうい》」といわれている。「良心を手腕として生きた日本が誇る土木工学者で、彼の葬儀の際には、旧友内村に「賤しからざりし精神」の具現者と高らかに語らせたそうである。

筆者は最近、北大でのセミナー参加の機会に「札幌農学校のその後とクラーク精神の消滅」について改めて勉強した。多段階発癌を研究する筆者にとっては大いなる学びのときであった。「いつから」「どうして」クラーク精神は消滅《しょうめつ》していったのか。「It is not automatic（原因がある）」「It has a process（プロセスがある)」「It takes time(時間がかかる)」を発癌の三か条として提唱している筆者には「癌細胞から見た人間社会の病理(癌哲学)」への応用として捉《とら》えられる。

筆者は二つの特異点に興味をひかれた。ひとつは一、二期生(人物輩出)と三期生以降(人物不作)の「質的変化」で、「連続における不連続性」である。ふたつ目に札幌農学校から北大への発展期・拡大期における「政策の変質」である。それぞれに具体的原因と明らかな動機が存在する。

前者には「創立・建学の精神」の継承におけるリーダーシップの不在が背景にあり、後者には強力なリーダーシップの拡大に伴う「落し穴」がある。「変革する創造的行為」は後世に必ず動機が問われるのが歴史の摂理《せつり》であろう。内村鑑三は当時「クラーク先生の精神は札幌に残っているとは思いません」(一九二六年)と既に語っている。見事な先見性である。

事業も特異点における「人為的な介入」によって分岐《ぶんき》し、その後の方向性が大きく決定される。まさに「開いた扇」のようである。「段階を超える原理」のポイントがここにある。「起源に忠実」であることは「クラーク精神」の例の如くいつの時代も困難である。故に「百年の計」の根拠がある。

受動的な「imitate（まねる）」でなく、「like（似せる）」であろうとする「温故創新」に生き、「なすべきことをなそうとする愛」に基づく「地の塩」は、所をかえて不死鳥の如く出現するであろう。再生細胞が壊死《えし》の中心からでなく周辺から現れる如く。おりしも「北海道遠友夜会」の発足は時代的要請である。

広井　勇

長與又郎・矢内原忠雄と現代

米国国立衛生研究所（NIH、アメリカ）、ソウル大学（韓国）と講演が続き、飛行機の機上では、学生時代に夜を徹して書物を読んだ人物の一人である矢内原忠雄の、いわゆる矢内原教授追放事件（一九三七年）について改めて学んだ。

当時の東大総長であり、癌研究会理事長・癌研究所所長でもあった病理学者・長與又郎の記録（『長與又郎日記』学会出版センター、下巻三十二章、経済学部の内紛と矢内原忠雄教授の辞職）と、追放のきっかけとなった「国家の理想」（『中央公論』九月号、四～二二ページ）のコピーを鞄《かばん》に入れての旅であった。

「現実国家の行動態度の混迷する時、国家の理想を思ひ、現実国家の狂する時、理想の国家を思ふ」で始まる「国家の理想」は発売後すぐ当局より削除処分《さくじょしょぶん》を受けた。長與と木戸幸一文部大臣は「学問の自由」の立場から初めは擁護《ようご》した。しかし矢内原の個人雑誌『通信』に書かれた「日本の理想を生かすために一先ずこの国を葬ってください」との文章により、ついに二人はさじを投げてしまった。同年起きた日中戦争下では「泣いて馬謖《ばしょく》を斬る」の心境であったことが窺《うかが》える。

しかし南原繁(戦後初の東大総長)は「あの人たち(木戸や長與)にとって〈日本国滅びよ〉の一句は戦争中に言うべからざることである、もう弁解の余地はないというんですね。そういう知識の程度、そういう教養の程度なんだな」と評している。そのとき何より大切なのは理想だったとする発言であろう。

一九三七年一二月二日の最終講義で矢内原は学生に語りかけている。「学問本来の使命は実行家の実行に対する批判であり、常に現実政策に追随《ついずい》してチンドン屋を務めることではない」「現実の表面、言葉の表面を越えたところの学問的真実さ、人格的真実さ、かかる真実を有《も》つ学生を養成するのが大学の使命である」と。まさに「教育」と「学者」の原点がここにある。矢内原は戦後復職し、南原につづいて東大総長になったのは歴史の妙味である。

歴史は一〇〇年前に「新渡戸稲造と内村鑑三」、五〇年前には「南原繁と矢内原忠雄」という絶妙のコンビネーションを与えてくれた。今日、再び必要とされる人たちである。

矢内原忠雄

学生と教養――人を知る者

筆者は先日来、広島、熊本、東京、高松で大学の講義の機会が与えられた。今年の一貫した講義のテーマは「癌性化境遇」である。「癌学」と題した九〇分の講義の中で、来年の吉田富三生誕一〇〇年に触れて五分間話すことにしている。癌病理学者吉田富三の「癌哲学」には現代の学生も少なからず興味をもつようである。講義の後に『私伝吉田富三・癌細胞はこう語った』(吉田直哉著・文藝春秋刊)を自発的に読みたいという学生が多数出てくるからである。

講義中の学生の真剣な眼差《まなざ》しに触れ、ほのぼのとした希望を感ずる。医学部学生だけではなく、社会科学を専攻する学生にも「癌哲学」は十分通ずることが先日の一橋大学商学部の講義でわかった。「国家の将来というものを占うにはその国の青年をみればわかる」(ビスマルク)とはよく言ったものである。

最近の大学では「尊敬する人物」を問うてはならないようである。なんとも奇妙な時代である。これは「人そのものが教育である」ことを忘れ、教育者における自分の役割をこなしていく胆力の欠如《けつじょ》に由来するものではなかろうか。筆者はあえて「新渡戸稲造生誕一四〇年（一一月三〇日に伊香保温泉で記念シンポジウムが企画されている）」を講義の終わりにとりあげている。

教育の原点は「行く先を知らない」学生に「扇の要」的起始遺伝子のごとく「方向づけ」と「動機づけ」を与えることであろう。「種子を選べばあとは大きくなるのを見ているだけのことで、大きくなる力はむしろ種子の方にある」（新渡戸稲造）という。そのため、よき先人との出会い（扇の要）はいつの時代も必要である。「エッサイの根株から新芽が生え、その根から若芽が出て実を結ぶ」（イザヤ書一一章一節）ことは「歴史の動脈」が語っている。

伊香保温泉のかじか橋

日本肝臓論

筆者はある会議で将来の「日本のあるべき姿」を問われ、冗談交じりに「日本肝臓論」を語ったところ、少なからぬ反響をいただいた。

肝臓の主な特徴として次の四つが挙げられる。
一、正常な状態では細胞分裂は静止期にある。
二、傷害時、必要とあれば強い再生力を示す。
三、異物に対して免疫寛容性がある。
四、解毒・代謝作用がある。
遡《さかのぼ》ること一九〇八（明治四一）年四月二日、癌研究会の創立の際、初代会頭の青山胤通《たねみち》は発会式で「…武力によって国際間の同情と尊敬を受けることは最早できない時代であります。金力によってそれらを受けることも最早できないときであります。ただ国民が文化に向かって多大なる進歩を与えるときに、国際間に同情と尊敬を受けることができます…」と挨拶を述べている。今日においても見事に通ずる言葉である。先日は新渡戸稲造生誕一四〇年記念シンポジウムも無事終え、あらためて「真の国際人」のあり様《よう》を静思する機会が与えられた。筆者は新渡戸の姿に

一、幅の広さ
二、弾力性に富む
三、洞察と識見のひらめき
四、示唆的な学風

を見るが、青山の言葉といい、先の「肝臓」の特徴と通じる思いがする。

今年もはや終わりである。おりしもアムステルダム国立美術館の絵葉書がクリスマスカードとして届いた。「エルサレムの陥落を嘆くエレミア」（レンブラント、一六〇六～一六六九）の姿は現代の日本の姿に重なる。

来年は「顕微鏡を考える道具に使った」吉田富三の生誕一〇〇年である。「深

く遠い分析力」「解剖的思索の深さ」「癌細胞の本態に取り組んだ病理学者であると同時に考えることをもって至上とした哲学者」であった吉田の顕彰事業が予定されている。「日本」の「陥落を嘆く」前になすべきことは多い。

エルサレムの陥落を嘆くエレミア

戦争と癌 ―― 由って来《きた》るところ遠きもの

イラク戦争もバグダット陥落（四月九日）で世界の関心は戦後復興に移ってきた。アメリカ同時多発テロとそれに続くアフガニスタンへの報復攻撃、しかしそれ以前にはソ連のアフガニスタン侵攻がある。石油利権も複雑にからみ、テロリズムを生み出す危機感を強めながら事態は進展してきた（癌化の増悪）。

更にさかのぼれば第一次世界大戦中、イギリスの二重外交に端を発したパレスチナ紛争があり、最終的にはユダヤ教、キリスト教、イスラム教の起源である「アブラハムの故事」までたどり着く。まさに「癌は開いた扇の様」である。「初期のわずかな変異が経時的変化とともに分子の相互作用によって様々に拡大し大きな効果が出る」（発癌の連盟的首位性）。「禍の起こるは起こるときに起こるにあらず、由って来るところ遠し」であり、「遠い過去を知らずして遠い未来は語れない」（チャーチル）。筆者の提唱する発癌の三か条、一、It is not automatic、二、It has a process、三、It takes time が見事に適用される。まさに「癌細胞で起こることは人間社会でも起こる」（癌哲学）のである。

「癌（戦争）の原因論」を明確にし「癌（戦争）の制御」の根拠を示し「癌（戦争）の進展阻止」の実際は「外部と相互作用する開かれた複雑系は、外部から意識的に適時に介入すればある特異点で分岐し、多様性のある制御が可能」になるカオスの現象によって裏付けられる。これが「予防・治療」の本質であろう。

イラク戦争後、国連・日本のあり方が盛んに論議される中、今こそ平和外交のステーツマン新渡戸稲造と癌哲学者吉田富三の出番である。「原因といわれる作用がどんなに強くても、受入れ態勢がなければ病気（戦争）は実現しない。多くの場合、原因の方だけが強く前面に押し出されて、同じ比重をもつ受入れ側の方はとかく忘れ勝ちである。癌（戦争）の対策も目下のところできてしまった癌（戦争）の治療であるが、究極は予防である。そのときに受入れ側の問題は小さいものではない」（吉田、括弧《かっこ》内筆者）。ここに教育と「和解と共生」が成り立つ「指導原理」「新時代の形成力」の根拠がある。

「戦争（癌）のことや戦争（癌）のうわさを聞くでしょうが、気をつけて、あわてないようにしなさい。これらは（戦争と癌）必ず起こることです。しかし終わり（死）が来たのではありません」（マタイ二四章六節、括弧内筆者）。

癌研究の目的は「人の体に巣食った癌細胞を取除き、その人の死期を再び未確定の彼方に追いやり、死を忘却させる方法を成就すること」である。「平和」の実体がここにある。癌も教育も大成するには二五年はかかる。「決勝点を見通す視点を持ち」本来は「高貴なる意志の感動」を与えるはずである教育のありようを静思するときである。

没後七〇年の新渡戸稲造と生誕一〇〇年の吉田富三に学ぶことは「時代の要請」である。「怒りに場所を与え」「時に仕えよ！」。

「しかない」人生

今年は、奇遇にも吉田富三（一九〇三～一九七三）生誕一〇〇年、山極勝三郎（一八六三～一九三〇）生誕一四〇年、さらに新渡戸稲造（一八六二～一九三三）没後七〇年が重なった記念すべき年である。「新・代表的日本人」三人の記念講演会が各地で「時代の要請」として進められている。

実験病理学者である筆者は山極の「胃癌発生論」（一九〇五年）を読む機会が与えられたが、その「癌性化境遇」の言葉を「温故創新」し、いわゆる「競争的環境の中で個性に輝くための五ヵ条」を左記のごとく提案した。

①複雑な問題を焦点を絞り単純化する。
②自らの強みを基盤とする。
③なくてはならないものは多くない。
④なくてもいいものに縛られるな。

⑤ Red herring に気をつけよ。

特に③には多くの関心が寄せられたのは意外であった。あらゆる分野で「功利の方へ突貫」しつつある中で、「群集中の個人」が感じている不安に由来するものではなかろうか。筆者は青春時代、「ほかの所は何をみても東京の足元にも及ばないが（道後）温泉だけは立派なものだ」（『坊ちゃん』夏目漱石）「あれが日本一の名物だ（富士山）あれより他に自慢なものは何もない」（『三四郎』漱石、傍点・括弧内は筆者）の「だけ」「しかない」に感じ入り、道後温泉に毎日浸《つ》かって「坂の上の雲」を「情熱的に夢見て、理性的に考え」た当時を妙に思い出す。

「癌の遺伝学」のわが師である Dr.Knudson からは留学時代、「これも、あれも」の羅列《られつ》の論文は hopeless と教えられ「本《もと》は一つであり、本は多岐に分かれる。末梢《まっしょう》の一つ一つを追いかけていっても本を見失えばいたずらに疲れるばかり、根本に眼を据える必要がある」との科学精神を学んだ。「しかない」人生に相通ずるものがある。

人間はいつの時代にも老若男女を問わず「高邁《こうまい》なる個性的確信」（シュバイツァー）を人生の座標軸として求めている。「しかない」人生の真実性は「最も個人的なことは最も普遍的なこと」（逆もまた真）と実感される今日この頃である。「多様性と個性」の共生の実現もまた「人格的出会い」によってしか果たせないのではなかろうか。

シュバイツアー

故《ふる》きを温めて――先人をたどる意義

二〇〇六（平成一八）年NHK大河ドラマスペシャル版として、司馬遼太郎『坂の上の雲』のドラマ化が決まった。青春時代、松山で過ごした筆者には、松山に生まれた正岡子規、秋山好古、秋山真之三人を中心に描いた同書には特別の思いがある。新渡戸稲造夫妻の役（私の妻は新渡戸の妻メリーと同じくペンシルバニア出身）で番組に出演したらどうかと冗談を言う人までいる。ともかく「人間は自分の器量が発揮できる場所」を選びたいものである。

筆者は先日、金沢市の「ふるさと偉人館」（木村栄・天文学者、鈴木大拙・仏教学者、高峰譲吉・化学者、藤岡東甫・国文学者、三宅雪嶺・思想家）を訪れ、今月号（Scientia 二〇〇三年七月）に触れられた高峰については殊に教えられた。また、つい先日に札幌市での「新渡戸稲造没後七〇年記念シンポジウム（なぜ今、新渡戸稲造なのか）」に講演する機会が与えられた。会場は満員の盛況であった。翌日、小樽を訪れ、日本近代港湾建設の父とうたわれる広井勇（一八六二〜一九二八）」の北防波堤に立ち、「遠い過去を知らずして遠い未来を語れない」の言葉を改めてかみしめた。全国に人物記念館は少なくとも七八四館あるようだが（『全国人物記念館』、講談社）、各地で人びとの足跡を辿《たど》れるのはありがたい。

新渡戸は札幌時代（一八歳頃）、鬱病《うつびょう》に陥《おちい》りカーライルの『衣装哲学』に出会い、「渇者の飲を求めるごとき勢いで読」んで慰藉を得たと言われる。カーライルは、実在と理想の連続、つまりリアルの中にアイデアルがあると考えていた。これは新渡戸を師とする南原繁の「理念をもって現実に向かい現実の中に理念を問う知性のあり方」（理想主義的現実主義）に繋《つな》がる。カーライルの「師匠」はゲーテであり、ゲーテ―カーライル―新渡戸―南原と、まさに歴史の動脈は人物を通して流れている。その一貫した流れは「その品行の動機を見ないと決してその人の真価が分からぬ」「門構えが立派で奥が甚《はなは》だ汚い」ことを鋭く指摘し、「才子的にヒョコヒョコして世の中を渡れるものでない。真面目でなければならぬ」と教えるのである。クロムウェルの復権をしたのもカーライルであると言う。

ちなみに、外からの評価で初めて真価を知らされるのは※「八木アンテナ症候群」とのこと、昔も今も変わらぬ人間の姿である。しかし「人は有為《うい》の人物に接するほどに練磨《れんま》され、より進展するものである」。「他人を尊敬することから生じる謙譲《けんじょう》・慇懃《いんぎん》の心は礼の根本をなす」は教育の原点ではなかろうか。

※八木アンテナ症候群
　このアンテナは、第二次大戦で連合国がその感度の高さに惚れ込み軍事用に使用したものです。日本は無傷で回収した連合国のこの超高性能アンテナの技術を盗もうと必死で研究しました。驚くことに連合国のメンテナンス資料には、アンテナ名称に日本人らしき名前が使われていました。なんとこのアンテナは東北大の八木博士と宇田博士が発明し学会発表したにもかかわらず、我が国では注目されないまま、埋もれていたものだったのです。八木宇田アンテナとはそのような逸話がある世界的大発明アンテナなのです。（ラジオのはなし第六話より）

今世紀の温泉と健康戦略——「ひも亭主」目覚めよ

筆者は先日、「旅館業変革のとき、挑戦のとき—change,chance,challenge—日本文化」をテーマに開催された「全国女将サミット二〇〇三年東京」において、「二一世紀の温泉と健康戦略—予防医学と温泉とのかかわり」と題して講演する機会を与えられた。同じ湯元でも、温泉の効能書《こうのうがき》がそれぞれ若干違うようでは、「健康のすすめ」を集客の説得の材料に用いることは得策でない。日頃から感じていた筆者はあえて挑発的に三つの提言をぶつけることにした。

①「新渡戸セミナーハウス」を造れ

②ひも亭主に集客させせろ

③火焔のうちにある燃料の如く自ら燃えよ

後で女将から多数のメール、お手紙を頂いたのには驚いた。思わぬ反響である。

②③については説明の必要はないであろうが、①に関しては少し解説を要すると思う。

昨年、日本疾患モデル学会の会長の指名を受け、総会の会場の選定をいろいろ思案した。通例として、大学の講堂ないし都内のホテルを会場として使ってきたが、「過渡期の指導原理と新時代の形成力」を求めて、思い切って伊香保温泉に決断した。

当然の如く何ゆえに温泉で、との意見もあった。その理由は至極主観的である。日本が誇る国際人・新渡戸稲造が療養した場所であったことに加えて、何かと気ぜわしい現代、「静思」できる時間と空間を提供することは大切であると思ったからである（もちろん予算的には会場費、宿泊費、懇親会費を含めると東京以外の会員にとっては都内で開催するよりは安上がりであることを確認した上である）。

筆者はこの経験を通して温泉内にアカデミックな名称の「セミナーハウス」

を作ることの意義について感じた。とはいえ新しい建物は不必要、既存の部屋の名称を日替り的に変えるだけである。例えば福島県なら「吉田富三セミナーハウス」であり、長野県なら「山極勝三郎セミナーハウス」といったようにである（島根県の遺島使である筆者にとって故郷の出雲地方にある玉造温泉にふさわしい人物が思い浮かばないのは残念である）。

効果は決して小さなものでない。今秋、登別温泉に日替わり新渡戸セミナーハウスが実際に誕生し、「がんを考える道民フォーラム」が二〇〇人の集客にて予定されているとのことである。「愉快に過激に、かつ品性をもって」を合言葉に、安上がりで、それでいてインパクトのある意識改革は胆力さえあれば、どこにいても、誰にでも可能であることを学んだ。決勝点を見通す視点をもつことの大切さをしみじみと感じる今日この頃である。

登別温泉の地獄谷

おわりに

敬老の日（2017年9月18日）伊香保温泉 福一での『がん哲学外来 伊香保シンポジウム』に赴いた。基調講演『原田明夫氏追悼記念 ～今、ふたたび伊香保温泉～』の機会が与えられた。翌日の早朝、伊香保温泉街を散歩した。「365の石段」を登りながら、1897年、日本が誇る国際人・新渡戸稲造（1862～1933）が保養した旅館を静思し、新渡戸稲造が、伊香保温泉の保養中に『農業本論』(日本初の農学博士取得)を書いたことを、想い出した。まさに、「人生は、もしかしたらこの時のため」を実感した。

思えば、2002年、原田明夫氏(元検事総長・東京女子大学前理事長)と「伊香保温泉 福一」で、新渡戸稲造の生誕140周年シンポを開催した。今回は、15周年記念ともなった。下記は、原田明夫氏から学んだものである。

（1）賢明な寛容さ（THE WISE PATIENCE）
（2）行動より大切な静思（CONTEMPLATION BEYOND ACTION）
（3）紛争や勝利より大切な理念（VISION BEYOND CONFLICT AND SUCCESS）
（4）実例と実行（EXAMPLE AND OWN ACTION）すべての始まりは「人材」である。

1860年代遣米使節団（勝海舟らがいた）が、ニューヨークのブロードウエイを行進した。彼らの行進を見物した詩人ホイットマンは、印象を「考え深げな黙想と真摯な魂と輝く目」と表現している。この風貌こそ『次世代の社会貢献』ではなかろうか。「はしるべき行程」と「見据える勇気」は、『次世代の社会貢献』の羅針盤となろう。

『教養ある人間とは、「自分のあらゆる行動に普遍性の烙印を押すこと」であり、「自己の特殊性を放棄して普遍的な原則に従って行為する人間」のことである。それは人間の直接的な衝動や熱情によって行動する代りに、つねに理論的な態度をとるように訓練されることである。』〔南原繁著作集第3巻より〕。「練られた品性と綽々たる余裕」は「教育の真髄」である。「責務を希望の後に廻さない、愛の生みたる不屈の気性」が「人生の扇の要」の如く甦る。「ビジョン」は人知・思いを超えて進展することを痛感する日々である。「目的は高い理想に置き、それに到達する道は臨機応変に取るべし」（新渡戸稲造）の教訓が今に生きる。「最も必要なことは、常に志を忘れないよう心にかけて記憶することである」（新渡戸稲造）。その精神で、ミッションを世の中に発信・提案していくことである。

「日本国のあるべき姿」として「日本肝臓論」を展開している。日本国＝肝臓という「再生」論に、行き詰まりの日本を打開する具体的なイメージが獲得されよう。人間の身体と臓器、組織、細胞の役割分担とお互いの非連続性の中の連続性、そして、傷害時における全体的な「いたわり」の理解は、世界、国家、民族、人間の在り方への深い洞察へと誘うのであろう。かつて新渡戸稲造は国際連盟事務次長時代に、「知的協力委員会」を構成し知的対話を行った。そのメンバー中には、当時の最高の頭脳を代表するアインシュタイン、キュリー夫人もいたことは特記すべきことである。今こそ国際貢献として「21世紀の知的協力委員会」の再興の時である。「時代を動かすリーダーの清々しい胆力」としての「人間の知恵と洞察とともに、自由にして勇気ある行動」（南原繁著の「新渡戸稲造先生」より）の文章が思い出される今日この頃である。

おわりに

『略歴』

樋野　興夫（ひの・おきお）

1954年生まれ。医学博士。癌研究所、米国アインシュタイン医科大学肝臓研究センター、米国フォックスチェイスがんセンターなどを経て現職（順天堂大学医学部病理・腫瘍学教授）。2008年『がん哲学外来』を開設。著書に『いい覚悟で生きる』（小学館）、『がん哲学外来へようこそ』（新潮新書）、『明日この世を去るとしても、今日の花に水をあげなさい』（幻冬舎）、『いい人生は、最期の５年で決まる』（ＳＢ新書）、『人生から期待される生き方』、（主婦の友社）『がんばりすぎない、悲しみすぎない』（講談社）など多数。

『著書一覧』

『がん哲学』（EDITEX 発行）
『いい覚悟で生きる』（小学館）
『がん哲学外来へようこそ』（新潮社）
『明日この世を去るとしても、今日の花に水をあげなさい』（幻冬舎）
『あなたは そこにいるだけで価値ある存在』（KADOKAWA）
『こころに みことばの処方箋』（いのちのことば社）
『がんに効く 心の処方箋』（廣済堂）
『いい人生は、最期の５年で決まる』（SB 新書）
『人生から期待される生き方』（主婦の友社）
『がんばりすぎない、悲しみすぎない』（講談社）
『「今日」という日の花を摘む』（実業之日本社）

＊本書に登場する年数・人物の安否は、大旨 2003 年 11 月 10 日初版発行当時の内容に準じます。

われ 21 世紀の新渡戸とならん　―新訂版―

2018 年 1 月 20 日　新訂版発行

著　者　樋野興夫

発行者　穂森宏之

発　行　イーグレープ

〒 277-0921 千葉県柏市大津ヶ丘 4-5-27-305

TEL:04-7170-1601　FAX:04-7170-1602

E-mail:p@e-grape.co.jp

ホームページ　http://www.e-grape.co.jp

定価は、カバーに表示してあります。

乱丁本・落丁本は、送料当社負担にてお取り替えいたします

ISBN 978-4-909170-04-0 C0095